주님께서 주신기도

쓰는기도 일천번제

[제   권]

『그리스도를 본받아』를 따라 요절을 암송하고, 간구하는 '천일동안'의 쓰는기도

문서사역
종려가지

주님께서 주신기도

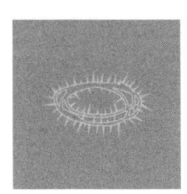   

쓰는기도
일천번제

[제   권]

   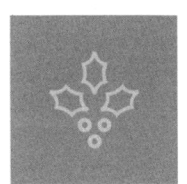

『그리스도를 본받아』를 따라 요절을 암송하고, 간구하는 **'천일동안'**의 쓰는기도

시작한 날 :   년   월   일

마 친 날 :   년   월   일

문서사역
|종|려|가|지|

천일의 기도,
은혜를 누리는 천 날

하나님께서는 일찍이 아브라함을 부르셔서 그에게 한 나라를 약속하셨다. 그 나라는 하나님께서 친히 세우실 것이며, 하나님께서 복 주실 나라라고 하셨다. 족장시대에 하나님의 약속은 작은 씨앗과 같았다.

하나님께서는 이 작은 씨앗 안에 장차 세워질 하나님 나라에 대한 모든 설계도가 선명하게 그려지도록 족장들을 인도하셨다. 그리고 출애굽 사건으로 하나님의 약속은 구체화 되어갔다. 하나님께서는 이스라엘 민족을 나라가 되게 하시고, 그들과 더불어 언약을 맺으셨다.

다윗-솔로몬 왕 시대는 구약역사에서 가장 찬란한 황금기였다. 하나님께서 아브라함을 부르셔서 약속하신 것이 출애굽 사건을 통하여 본격적으로 시작되었다. 그리고 하나님의 이 모든 약속과 계획은 어두운 사사시대를 지나 다윗과 솔로몬의 때에 성취되었다.

솔로몬이 왕위에 올랐을 때, 성막은 기브온에 있었다. 솔로몬은 기브온의 산당에 올라가서 일천 번제를 하나님께 드렸다. 일천 번제를 받으신 하나님께서 그 밤에, 솔로몬에게 나타나셔서 무엇이든지 구하라고 말씀하셨다. 솔로몬은 '지혜'를 구하였다.

소위 '솔로몬의 일천번제'라 말하는 그의 제사행위는 후대의 우리에게 두 가지의 교훈을 전해주고 있다. 우리는 그가 전해주는 발자취로서의 일천번제와 말자취로서의 지혜를 구한 것을 나의 것으로 삼아야 한다. 그의 하나님의 마음에 합한 간구는 오늘, 우리의 기도가 되어야 할 것이다.

솔로몬의 일천번제는 그의 겸손에서 시작되었다. 보좌에 오르게 된 작은 아이는 이스라엘을 하나님께서 다스려주시기를 빌고, 또 빌었는데 그것이 일천번제로 표현된 그의 기도였다. 그리고 그의 기도는 오늘을 살아가는 우리에게 기도의 모범이 된다.

솔로몬의 명령에 따라 이스라엘의 천부장들과 백부장들과 재판관들과 온 이스라엘의 방백들과 족장들이 함께 했던 것이다. 우리가 이 제사의 의미를 인용해서 쓰는 기도를 드리는 '천일 기도'라면 어떠할까? 솔로몬의 번제는 단회로 완성되었지만 우리는 천 날의 시간에 기도를 쓰면서 드려보기를 원한다. 천일 동안에 응답의 시간을 가져보자.

성령님께서 나의 심령을 강권하시고, 나에게 은혜를 주심에 따라 순종해서 기도하는 천일의 시간을 가져보자. 하나의 소원을 품고 천 번의 간구를 해도 좋을 것이고, 천일이라는 시간 속에서 성령님께서 나의 입술에 넣어주시는 대로 간구하는 것도 좋을 것이다. 또한 그 천 날의 시간 동안에 나에게 부어주는 응답은 축복된 사건이 될 것이다.

하나님께서 주신 시간을 아껴 살게 하시고, 성령님의 열매를 맺는데 사용하게 하심을 즐거워합니다. 오직 착한 행실을 통해서 주님을 영화롭게 해드리기를 사모하게 하시옵소서. 주님의 말씀에 순종하여 하나님을 사랑하고, 이웃을 사랑하는 일에 힘을 써 하나님의 영광이 드러내는 삶을 살게 하시옵소서.

하나님의 계명에 어긋나는 생각이나 욕망을 추호도 마음에 품지 않기를 결단하게 하시옵소서. 저는 여전히 죄의 부패로 인해서 온전히 순종할 수 없음을 고백합니다. 저의 연약함을 핑계 삼아 죄를 짓지 않게 하시옵소서. 살아가는 시간 속에서 하나님께만 영광을 구하게 하시옵소서. 받은 은사에 따라 섬김을 다하는 삶이 되게 하시옵소서.

저의 손과 발을 민첩하게 하사, 주님의 일을 위하여 쓰게 하시옵소서. 고난을 당하고 있는 자들과 외로운 자들에게 위로의 손길을 펼 수 있게 하시며, 타락한 자들을 붙들어 주며, 불쌍한 자들에게 주님의 사랑을 나타내며, 방탕한 자들을 일깨워 주고, 주린 자들을 돌아보며, 약한 자들을 일으켜 주고, 마음이 상한 자들을 위로하게 하시옵소서.

일러두기

1. 쓰는기도의 형식은 토마스 아켐피스의 『그리스도를 본받아』를 따라서 천일 분량으로 구성하였습니다. 여기에 소개된 성구는 『그리스도를 본받아』에서 인용한 성구의 순서를 적용한 것입니다.

2. 기도를 쓰는 편리를 위해서 한 권당 200일의 분량으로 나누었습니다. 천일 동안의 기도는 모두 다섯 권으로 쓰게 됩니다.

3. 기도를 쓰기 전에, 성령님께 심령을 드리십시오. 하나님께서는 상한 심령을 받으신다고 하셨습니다.

4. 먼저, 제시된 성구를 읽으십시오. 가능하다면 소리를 내어 읽어 하나님의 말씀을 듣는 경험이 되기를 원합니다. 성구를 몇 번 거듭해서 읽게 되면, 기도의 흐름을 잡게 됩니다.

5. '기도 쓰기'를 마치셨다면 다시 한 번 성구를 읊조리십시오. 나의 간구에 쓰여진 문장보다도 하나님의 말씀이 나에게 응답이 됩니다. 하나님의 말씀을 언약으로 붙잡으십시오.

6. '하나님의 응답'은 하나님께서 응답해주신 역사-사건을 기록하여 체크로 남기는 것입니다.

제 일

| 요 8:12 | 예수께서 또 말씀하여 이르시되 나는 세상의 빛이니 나를 따르는 자는 어둠에 다니지 아니하고 생명의 빛을 얻으리라 |

　　　　　　　　　　　　　　　　　　　　년　　　월　　　일

■ 하나님의 응답

제 일

전 1:8　모든 만물이 피곤하다는 것을 사람이 말로 다 말할 수는 없나니 눈은 보아도 족함이 없고 귀는 들어도 가득 차지 아니하도다

　　　　　　　　　　　　　　　　　　　년　　　월　　　일

■ 하나님의 응답

제   일

| 롬 12:16 | 서로 마음을 같이하며 높은 데 마음을 두지 말고 도리어 낮은 데 처하며 스스로 지혜 있는 체 하지 말라 |

년   월   일

■ 하나님의 응답

제 　　　 일

| 시 94:12 | 여호와여 주로부터 징벌을 받으며 주의 법으로 교훈하심을 받는 자가 복이 있나니 |

　　　　　　　　　　　　　　년　　　　월　　　　일

■ 하나님의 응답

제   일

| 딛 1:10 | 불순종하고 헛된 말을 하며 속이는 자가 많은 중 할례파 가운데 특히 그러하니 |

　　　　　　　　　　　　　　년　　　월　　　일

■ 하나님의 응답

제 일

롬 12:1 하나님을 알되 하나님을 영화롭게도 아니하며 감사하지도 아니하고 오히려 그 생각이 허망하여지며 미련한 마음이 어두워졌나니

년   월   일

■ 하나님의 응답

제   일

| 마 18:4 | 그러므로 누구든지 이 어린 아이와 같이 자기를 낮추는 사람이 천국에서 큰 자니라 |

년   월   일

_____

_____

_____

_____

_____

_____

_____

_____

_____

_____

_____

_____

_____

_____

▣ 하나님의 응답

제   일

| 요일 4:1 | 사랑하는 자들아 영을 다 믿지 말고 오직 영들이 하나님께 속하였나 분별하라 많은 거짓 선지자가 세상에 나왔음이라 |

년   월   일

___

■ 하나님의 응답

제   일

| 약 3:2 | 우리가 다 실수가 많으니 만일 말에 실수가 없는 자라면 곧 온전한 사람이라 능히 온 몸도 굴레 씌우리라 |

　　　　　　　　　　　　　　　년　　　월　　　일

■ 하나님의 응답

제   일

| 잠 12:15 | 미련한 자는 자기 행위를 바른 줄로 여기나 지혜로운 자는 권고를 듣느니라 |

년   월   일

■ 하나님의 응답

제   일

잠 15:33   여호와를 경외하는 것은 지혜의 훈계라 겸손은 존귀의 길잡이니라

　　　　　　　　　　　　　　　　　　　년　　　월　　　일

■ 하나님의 응답

제 일

| 시 68:10 | 주의 회중을 그 가운데에 살게 하셨나이다 하나님이여 주께서 가난한 자를 위하여 주의 은택을 준비하셨나이다 |

　　　　　　　　　　　　　　　　　　　년　　　월　　　일

_____

_____

_____

_____

_____

_____

_____

_____

_____

_____

_____

_____

_____

_____

■ 하나님의 응답

제 일

롬 10:12 유대인이나 헬라인이나 차별이 없음이라 한 분이신 주께서 모든 사람의 주가 되사 그를 부르는 모든 사람에게 부요하시도다

년   월   일

■ 하나님의 응답

제 일

잠 1:6 　잠언과 비유와 지혜 있는 자의 말과 그 오묘한 말을 깨달으리라

　　　　　　　　　　　　　　　년　　　월　　　일

■ 하나님의 응답

제   일

| 시 31:1 | 여호와여 내가 주께 피하오니 나를 영원히 부끄럽게 하지 마시고 주의 공의로 나를 건지소서 |

년   월   일

■ 하나님의 응답

제   일

전 8:12　죄인은 백 번이나 악을 행하고도 장수하거니와 또한 내가 아노니 하나님을 경외하여 그를 경외하는 자들은 잘 될 것이요

　　　　　　　　　　　　　　　　　　년　　　월　　　일

■ 하나님의 응답

제   일

| 행 1:14 | 여자들과 예수의 어머니 마리아와 예수의 아우들과 더불어 마음을 같이하여 오로지 기도에 힘쓰더라 |

　　　　　　　　　　　　　　　　　년　　　　월　　　　일

■ 하나님의 응답

제 일

롬 15:6   한마음과 한 입으로 하나님 곧 우리 주 예수 그리스도의 아버지께 영광을 돌리게 하려 하노라

년　　　월　　　일

___

▣ 하나님의 응답

제 일

욥 7:1 이 땅에 사는 인생에게 힘든 노동이 있지 아니하겠느냐 그의 날이 품꾼의 날과 같지 아니하겠느냐

년   월   일

■ 하나님의 응답

제 일

롬 15:1 믿음이 강한 우리는 마땅히 믿음이 약한 자의 약점을 담당하고 자기를 기쁘게 하지 아니할 것이라

년   월   일

■ 하나님의 응답

제 일

| 눅 12:51 | 내가 세상에 화평을 주려고 온 줄로 아느냐 내가 너희에게 이르노니 아니라 도리어 분쟁하게 하려 함이로라 |

년   월   일

■ 하나님의 응답

제   일

| 렘 13:23 | 구스인이 그의 피부를, 표범이 그의 반점을 변하게 할 수 있느냐 할 수 있을진대 악에 익숙한 너희도 선을 행할 수 있으리라 |

년   월   일

■ 하나님의 응답

제 일

| 고전 13:3 | 내가 내게 있는 모든 것으로 구제하고 또 내 몸을 불사르게 내줄지라도 사랑이 없으면 내게 아무 유익이 없느니라 |

년   월   일

■ 하나님의 응답

제   일

| 시 17:15 | 나는 의로운 중에 주의 얼굴을 뵈오리니 깰 때에 주의 형상으로 만족하리이다 |

　　　　　　　　　　　　　　　　　　　　년　　　월　　　일

■ 하나님의 응답

제 일

| 고전 12:25 | 몸 가운데서 분쟁이 없고 오직 여러 지체가 서로 같이 돌보게 하셨느니라 |

　　　　　　　　　　　　　　　　　　년　　　월　　　일

■ 하나님의 응답

제 일

> 눅 16:10　지극히 작은 것에 충성된 자는 큰 것에도 충성되고 지극히 작은 것에 불의한 자는 큰 것에도 불의하니라

　　　　　　　　　　　　　　　　　년　　　월　　　일

■ 하나님의 응답

제 일

| 벧전 2:11 | 사랑하는 자들아 거류민과 나그네 같은 너희를 권하노니 영혼을 거슬러 싸우는 육체의 정욕을 제어하라 |

년   월   일

■ 하나님의 응답

제 일

마 20:26 너희 중에는 그렇지 않아야 하나니 너희 중에 누구든지 크고자 하는 자는 너희를 섬기는 자가 되고

년   월   일

■ 하나님의 응답

제   일

> 요 12:25　자기의 생명을 사랑하는 자는 잃어버릴 것이요 이 세상에서 자기의 생명을 미워하는 자는 영생하도록 보전하리라

　　　　　　　　　　　　　　　년　　　월　　　일

■ 하나님의 응답

제　　　일

> 마 19:29　또 내 이름을 위하여 집이나 형제나 자매나 부모나 자식이나 전토를 버린 자마다 여러 배를 받고 또 영생을 상속하리라

　　　　　　　　　　　　　년　　　월　　　일

■ 하나님의 응답

제 일

| 마 5:48 | 그러므로 하늘에 계신 너희 아버지의 온전하심과 같이 너희도 온전하라 |

　　　　　　　　　　　　　　　년　　　　월　　　　일

■ 하나님의 응답

| 제 | 일 |

잠 16:9   사람이 마음으로 자기의 길을 계획할지라도 그의 걸음을 인도하시는 이는 여호와시니라

년　　　월　　　일

■ 하나님의 응답

제 일

롬 7:18 내 속 곧 내 육신에 선한 것이 거하지 아니하는 줄을 아노니 원함은 내게 있으나 선을 행하는 것은 없노라

년   월   일

■ 하나님의 응답

제 일

시 4:4   너희는 떨며 범죄하지 말지어다 자리에 누워 심중에 말하고 잠잠할지어다

                                              년   월   일

■ 하나님의 응답

제   일

전 1:10　무엇을 가리켜 이르기를 보라 이것이 새 것이라 할 것이 있으랴 우리가 있기 오래 전 세대들에도 이미 있었느니라

　　　　　　　　　　　　　　　　　　　년　　　월　　　일

■ 하나님의 응답

제　　　일

| 잠 19:23 | 여호와를 경외하는 것은 사람으로 생명에 이르게 하는 것이라 경외하는 자는 족하게 지내고 재앙을 당하지 아니하느니라 |

　　　　　　　　　　　　　　　　　　　　　　년　　　월　　　일

■ 하나님의 응답

제 일

> 전 7:2　초상집에 가는 것이 잔칫집에 가는 것보다 나으니 모든 사람의 끝이 이와 같이 됨이라 산 자는 이것을 그의 마음에 둘지어다

　　　　　　　　　　　　　　　　년　　　월　　　일

■ 하나님의 응답

제 일

| 시 80:5 | 주께서 그들에게 눈물의 양식을 먹이시며 많은 눈물을 마시게 하셨나이다 |

　　　　　　　　　　　　　　　년　　　월　　　일

■ 하나님의 응답

제 일

| 잠 19:1 | 가난하여도 성실하게 행하는 자는 입술이 패역하고 미련한 자보다 나으니라 |

　　　　　　　　　　　　　　년　　　월　　　일

◾ 하나님의 응답

제   일

| 롬 8:22 | 피조물이 다 이제까지 함께 탄식하며 함께 고통을 겪고 있는 것을 우리가 아느니라 |

년   월   일

■ 하나님의 응답

제   일

| 롬 8:5 | 육신을 따르는 자는 육신의 일을, 영을 따르는 자는 영의 일을 생각하나니 |

년   월   일

■ 히니님의 응답

제 일

히 11:26 그리스도를 위하여 받는 수모를 애굽의 모든 보화보다 더 큰 재물로 여겼으니 이는 상 주심을 바라봄이라

년   월   일

■ 하나님의 응답

제 일

| 벧전 1:4 | 썩지 않고 더럽지 않고 쇠하지 아니하는 유업을 잇게 하시나니 곧 너희를 위하여 하늘에 간직하신 것이라 |

년   월   일

■ 하나님의 응답

제 일

| 롬 13:11 | 또한 너희가 이 시기를 알거니와 자다가 깰 때가 벌써 되었으니 이는 이제 우리의 구원이 처음 믿을 때보다 가까웠음이라 |

　　　　　　　　　　　　　　　　년　　　　월　　　　일

■ 하나님의 응답

제 일

| 눅 12:20 | 하나님은 이르시되 어리석은 자여 오늘 밤에 네 영혼을 도로 찾으리니 그러면 네 준비한 것이 누구의 것이 되겠느냐 하셨으니 |

년   월   일

■ 하나님의 응답

제 일

> 히 9:27 한번 죽는 것은 사람에게 정해진 것이요 그 후에는 심판이 있으리니

    년   월   일

■ 하나님의 응답

제 일

마 25:13 그런즉 깨어 있으라 너희는 그 날과 그 때를 알지 못하느니라

년   월   일

■ 하나님의 응답

제 일

마 24:44　이러므로 너희도 준비하고 있으라 생각하지 않은 때에 인자가 오리라

　　　　　　　　　　　　　　　년　　　월　　　일

■ 하나님의 응답

제   일

마 25:10 | 그들이 사러 간 사이에 신랑이 오므로 준비하였던 자들은 함께 혼인 잔치에 들어가고 문은 닫힌지라

년   월   일

■ 하나님의 응답

제 일

롬 6:8	만일 우리가 그리스도와 함께 죽었으면 또한 그와 함께 살 줄을 믿노니

년   월   일

■ 하나님의 응답

제 일

눅 14:33　이와 같이 너희 중의 누구든지 자기의 모든 소유를 버리지 아니하면 능히 내 제자가 되지 못하리라

년　　월　　일

◼ 하나님의 응답

제 일

고전 9:27　내가 내 몸을 쳐 복종하게 함은 내가 남에게 전파한 후에 자신이 도리어 버림을 당할까 두려워함이로다

　　　　　　　　　　　　　　　　　　　년　　　월　　　일

■ 하나님의 응답

제 일

| 눅 12:20 | 하나님은 이르시되 어리석은 자여 오늘 밤에 네 영혼을 도로 찾으리니 그러면 네 준비한 것이 누구의 것이 되겠느냐 하셨으니 |

　　　　　　　　　　　　　　년　　　월　　　일

■ 하나님의 응답

제 일

| 욥 14:2 | 그는 꽃과 같이 자라나서 시들며 그림자 같이 지나가며 머물지 아니하거늘 |

년　　　월　　　일

■ 하나님의 응답

제 일

벧전 2:11 사랑하는 자들아 거류민과 나그네 같은 너희를 권하노니 영혼을 거슬러 싸우는 육체의 정욕을 제어하라

년   월   일

■ 하나님의 응답

제   일

| 약 1:4 | 인내를 온전히 이루라 이는 너희로 온전하고 구비하여 조금도 부족함이 없게 하려 함이라 |

년   월   일

▣ 하나님의 응답

제 일

행 7:60　무릎을 꿇고 크게 불러 이르되 주여 이 죄를 그들에게 돌리지 마옵소서 이 말을 하고 자니라

　　　　　　　　　　　　　　　년　　　월　　　일

■ 하나님의 응답

제 일

욥 40:12　모든 교만한 자를 발견하여 낮아지게 하며 악인을 그들의 처소에서 짓밟을지니라

　　　　　　　　　　　　　　　년　　　월　　　일

■ 하나님의 응답

제 일

| 고후 4:17 | 우리가 잠시 받는 환난의 경한 것이 지극히 크고 영원한 영광의 중한 것을 우리에게 이루게 함이니 |

년   월   일

▣ 하나님의 응답

제 일

사 29:19　겸손한 자에게 여호와로 말미암아 기쁨이 더하겠고 사람 중 가난한 자가 이스라엘의 거룩하신 이로 말미암아 즐거워하리니

　　　　　　　　　　　　　　년　　　월　　　일

■ 하나님의 응답

제 일

롬 8:39 높음이나 깊음이나 다른 어떤 피조물이라도 우리를 우리 주 그리스도 예수 안에 있는 하나님의 사랑에서 끊을 수 없으리라

년   월   일

■ 하나님의 응답

제 일

| 마 5:48 | 그러므로 하늘에 계신 너희 아버지의 온전하심과 같이 너희도 온전하라 |

년   월   일

■ 하나님의 응답

제 일

시 86:4　　주여 내 영혼이 주를 우러러보오니 주여 내 영혼을 기쁘게 하소서

　　　　　　　　　　　　　　　년　　　월　　　일

■ 하나님의 응답

제 일

엡 4:1   그러므로 주 안에서 갇힌 내가 너희를 권하노니 너희가 부르심을 받은 일에 합당하게 행하여

　　　　　　　　　　　　　년　　　월　　　일

■ 하나님의 응답

제   일

롬 11:36 이는 만물이 주에게서 나오고 주로 말미암고 주에게로 돌아감이라 그에게 영광이 세세에 있을지어다 아멘

년   월   일

■ 하나님의 응답

제   일

| 계 3:16 | 네가 이같이 미지근하여 뜨겁지도 아니하고 차지도 아니하니 내 입에서 너를 토하여 버리리라 |

년   월   일

■ 하나님의 응답

제 일

눅 17:21　또 여기 있다 저기 있다고도 못하리니 하나님의 나라는 너희 안에 있느니라

　　　　　　　　　　　　　　　년　　　월　　　일

■ 하나님의 응답

제   일

| 욜 2:12 | 여호와의 말씀에 너희는 이제라도 금식하고 울며 애통하고 마음을 다하여 내게로 돌아오라 하셨나니 |

　　　　　　　　　　　　　　　　년　　　　월　　　　일

▣ 하나님의 응답

제   일

| 롬 14:17 | 자기의 생명을 사랑하는 자는 잃어버릴 것이요 이 세상에서 자기의 생명을 미워하는 자는 영생하도록 보전하리라 |

년   월   일

■ 하나님의 응답

제   일

벧전 5:7   너희 염려를 다 주께 맡기라 이는 그가 너희를 돌보심이라

년   월   일

■ 하나님의 응답

제 일

| 빌 3:20 | 그러나 우리의 시민권은 하늘에 있는지라 거기로부터 구원하는 자 곧 주 예수 그리스도를 기다리노니 |

년   월   일

■ 하나님의 응답

제 일

| 딤후 2:5 | 경기하는 자가 법대로 경기하지 아니하면 승리자의 관을 얻지 못할 것이며 |

　　　　　　　　　　　　　　　　　　년　　　월　　　일

■ 하나님의 응답

제   일

롬 8:28 우리가 알거니와 하나님을 사랑하는 자 곧 그의 뜻대로 부르심을 입은 자들에게는 모든 것이 합력하여 선을 이루느니라

　　　　　　　　　　　　　　　　　　년　　　월　　　일

■ 하나님의 응답

제 일

| 롬 8:31 | 그런즉 이 일에 대하여 우리가 무슨 말 하리요 만일 하나님이 우리를 위하시면 누가 우리를 대적하리요 |

년   월   일

■ 하나님의 응답

제 일

| 욥 5:11 | 낮은 자를 높이 드시고 애곡하는 자를 일으키사 구원에 이르게 하시느니라 |

년   월   일

■ 하나님의 응답

제 일

약 4:6 │ 그러나 더욱 큰 은혜를 주시나니 그러므로 일렀으되 하나님이 교만한 자를 물리치시고 겸손한 자에게 은혜를 주신다 하였느니라

년   월   일

■ 하나님의 응답

| 제 | 일 |

| 고전 13:7 | 모든 것을 참으며 모든 것을 믿으며 모든 것을 바라며 모든 것을 견디느니라 |

년   월   일

■ 하나님의 응답

제 일

시 119:100　주의 법도들을 지키므로 나의 명철함이 노인보다 나으니이다

　　　　　　　　　　　　　　　　　년　　　월　　　일

■ 하나님의 응답

제 일

| 시 141:4 | 내 마음이 악한 일에 기울어 죄악을 행하는 자들과 함께 악을 행하지 말게 하시며 그들의 진수성찬을 먹지 말게 하소서 |

년   월   일

■ 하나님의 응답

제   일

마 16:26　사람이 만일 온 천하를 얻고도 제 목숨을 잃으면 무엇이 유익하리요 사람이 무엇을 주고 제 목숨과 바꾸겠느냐

　　　　　　　　　　　　　　년　　　월　　　일

■ 하나님의 응답

제 일

고전 1:31　기록된 바 자랑하는 자는 주 안에서 자랑하라 함과 같게 하려 함이라

　　　　　　　　　　　　　　　　년　　　월　　　일

■ 하나님의 응답

제 일

| 요 5:44 | 너희가 서로 영광을 취하고 유일하신 하나님께로부터 오는 영광은 구하지 아니하니 어찌 나를 믿을 수 있느냐 |

년   월   일

■ 하나님의 응답

제 일

| 고후 10:18 | 옳다 인정함을 받는 자는 자기를 칭찬하는 자가 아니요 오직 주께서 칭찬하시는 자니라 |

년   월   일

■ 하나님의 응답

제 일

| 마 22:37 | 예수께서 이르시되 네 마음을 다하고 목숨을 다하고 뜻을 다하여 주 너의 하나님을 사랑하라 하셨으니 |

년   월   일

■ 하나님의 응답

제 일

| 시 147:5 | 우리 주는 위대하시며 능력이 많으시며 그의 지혜가 무궁하시도다 |

　　　　　　　　　　　　　　　　　　년　　　월　　　일

■ 하나님의 응답

제 일

| 롬 8:35 | 누가 우리를 그리스도의 사랑에서 끊으리요 환난이나 곤고나 박해나 기근이나 적신이나 위험이나 칼이랴 |

　　　　　　　　　　　　　　　년　　　월　　　일

■ 하나님의 응답

제 일

마 5:44　나는 너희에게 이르노니 너희 원수를 사랑하며 너희를 박해하는 자를 위하여 기도하라

년　월　일

■ 하나님의 응답

제   일

시 30:10 여호와여 들으시고 내게 은혜를 베푸소서 여호와여 나를 돕는 자가 되소서 하였나이다

　　　　　　　　　　　　　　　년　　　월　　　일

◨ 하나님의 응답

제   일

| 시 30:11 | 주께서 나의 슬픔이 변하여 내게 춤이 되게 하시며 나의 베옷을 벗기고 기쁨으로 띠 띠우셨나이다 |

년   월   일

■ 하나님의 응답

제 일

| 요 3:8 | 바람이 임의로 불매 네가 그 소리는 들어도 어디서 와서 어디로 가는지 알지 못하나니 성령으로 난 사람도 다 그러하니라 |

                                                        년   월   일

―――――――――――――――――――――――――――
―――――――――――――――――――――――――――
―――――――――――――――――――――――――――
―――――――――――――――――――――――――――
―――――――――――――――――――――――――――
―――――――――――――――――――――――――――
―――――――――――――――――――――――――――
―――――――――――――――――――――――――――
―――――――――――――――――――――――――――
―――――――――――――――――――――――――――
―――――――――――――――――――――――――――
―――――――――――――――――――――――――――

■ 하나님의 응답

제 일

눅 9:23 또 무리에게 이르시되 아무든지 나를 따라오려거든 자기를 부인하고 날마다 제 십자가를 지고 나를 따를 것이니라

년   월   일

■ 하나님의 응답

제 일

| 벧전 5:8 | 근신하라 깨어라 너희 대적 마귀가 우는 사자 같이 두루 다니며 삼킬 자를 찾나니 |

년   월   일

■ 하나님의 응답

제   일

| 시 68:10 | 주의 회중을 그 가운데에 살게 하셨나이다 하나님이여 주께서 가난한 자를 위하여 주의 은택을 준비하셨나이다 |

년   월   일

▣ 하나님의 응답

제 일

| 마 22:21 | 이르되 가이사의 것이니이다 이에 이르시되 그런즉 가이사의 것은 가이사에게, 하나님의 것은 하나님께 바치라 하시니 |

년   월   일

■ 하나님의 응답

제 일

> 눅 17:10　이와 같이 너희도 명령 받은 것을 다 행한 후에 이르기를 우리는 무익한 종이라 우리가 하여야 할 일을 한 것뿐이라 할지니라

　　　　　　　　　　　　　　　　　　　　년　　　월　　　일

■ 하나님의 응답

제   일

| 시 112:7 | 그는 흉한 소문을 두려워하지 아니함이여 여호와를 의뢰하고 그의 마음을 굳게 정하였도다 |

년   월   일

■ 하나님의 응답

제 일

| 눅 14:27 | 누구든지 자기 십자가를 지고 나를 따르지 않는 자도 능히 내 제자가 되지 못하리라 |

년   월   일

■ 하나님의 응답

제 일

고후 1:5 그리스도의 고난이 우리에게 넘친 것 같이 우리가 받는 위로도 그리스도로 말미암아 넘치는도다

년   월   일

■ 하나님의 응답

제 일

| 고후 4:16 | 그러므로 우리가 낙심하지 아니하노니 우리의 겉사람은 낡아지나 우리의 속사람은 날로 새로워지도다 |

년   월   일

■ 하나님의 응답

제 일

| 고후 3:5 | 우리가 무슨 일이든지 우리에게서 난 것 같이 스스로 만족할 것이 아니니 우리의 만족은 오직 하나님으로부터 나느니라 |

년   월   일

■ 하나님의 응답

제   일

요 18:11   예수께서 베드로더러 이르시되 칼을 칼집에 꽂으라 아버지께서 주신 잔을 내가 마시지 아니하겠느냐 하시니라

년   월   일

◨ 하나님의 응답

제 일

| 롬 5:3 | 다만 이뿐 아니라 우리가 환난 중에도 즐거워하나니 이는 환난은 인내를, |

년   월   일

■ 하나님의 응답

제 일

| 행 9:16 | 그가 내 이름을 위하여 얼마나 고난을 받아야 할 것을 내가 그에게 보이리라 하시니 |

년   월   일

■ 하나님의 응답

제 일

| 시 44:22 | 우리가 종일 주를 위하여 죽임을 당하게 되며 도살할 양 같이 여김을 받았나이다 |

　　　　　　　　　　　　　　　　　　년　　　월　　　일

■ 하나님의 응답

제 일

마 13:16   그러나 너희 눈은 봄으로, 너희 귀는 들음으로 복이 있도다

　　　　　　　　　　　　　　　　년　　　월　　　일

■ 하나님의 응답

제   일

| 시 119:125 | 나는 주의 종이오니 나를 깨닫게 하사 주의 증거들을 알게 하소서 |

년   월   일

■ 하나님의 응답

제 일

요 6:68　시몬 베드로가 대답하되 주여 영생의 말씀이 주께 있사오니 우리가 누구에게로 가오리이까

　　　　　　　　　　　　　　　년　　　월　　　일

■ 하나님의 응답

제 일

| 요 6:63 | 살리는 것은 영이니 육은 무익하니라 내가 너희에게 이른 말은 영이요 생명이라 |

　　　　　　　　　　　　　　　　년　　　월　　　일

■ 하나님의 응답

제   일

| 마 24:35 | 천지는 없어질지언정 내 말은 없어지지 아니하리라 |

년   월   일

■ 하나님의 응답

제 일

| 마 5:6 | 의에 주리고 목마른 자는 복이 있나니 그들이 배부를 것임이요 |

년   월   일

■ 하나님의 응답

제   일

| 시 69:17 | 주의 얼굴을 주의 종에게서 숨기지 마소서 내가 환난 중에 있사오니 속히 내게 응답하소서 |

　　　　　　　　　　　　　　년　　　월　　　일

■ 하나님의 응답

제 일

시 143:10　주는 나의 하나님이시니 나를 가르쳐 주의 뜻을 행하게 하소서 주의 영은 선하시니 나를 공평한 땅에 인도하소서

　　　　　　　　　　　　　　　　　　　　년　　　월　　　일

■ 하나님의 응답

제 일

시 25:5　주의 진리로 나를 지도하시고 교훈하소서 주는 내 구원의 하나님이시니 내가 종일 주를 기다리나이다

　　　　　　　　　　　　　　　　년　　　　월　　　　일

■ 하나님의 응답

제 일

시 32:7   주는 나의 은신처이오니 환난에서 나를 보호하시고 구원의 노래로 나를 두르시리이다(셀라)

년   월   일

■ 하나님의 응답

제   일

시 59:16 나는 주의 힘을 노래하며 아침에 주의 인자하심을 높이 부르오리니 주는 나의 요새이시며 나의 환난 날에 피난처심이니이다

년   월   일

■ 하나님의 응답

제 　　　 일

고전 13:5　무례히 행하지 아니하며 자기의 유익을 구하지 아니하며 성내지 아니하며 악한 것을 생각하지 아니하며

　　　　　　　　　　　　　　　년　　　　월　　　　일

■ 하나님의 응답

제 일

롬 9:20 이 사람아 네가 누구이기에 감히 하나님께 반문하느냐 지음을 받은 물건이 지은 자에게 어찌 나를 이같이 만들었느냐 말하겠느냐

년   월   일

■ 하나님의 응답

제   일

| 마 4:10 | 이에 예수께서 말씀하시되 사탄아 물러가라 기록되었으되 주 너의 하나님께 경배하고 다만 그를 섬기라 하였느니라 |

년   월   일

◼ 하나님의 응답

제 　　　 일

| 시 27:14 | 너는 여호와를 기다릴지어다 강하고 담대하며 여호와를 기다릴지어다 |

　　　　　　　　　　　　　　　　　년　　　　월　　　　일

■ 하나님의 응답

제 일

딤전 6:12	믿음의 선한 싸움을 싸우라 영생을 취하라 이를 위하여 네가 부르심을 받았고 많은 증인 앞에서 선한 증언을 하였도다

년   월   일

■ 하나님의 응답

제 일

| 렘 10:23 | 여호와여 내가 알거니와 사람의 길이 자신에게 있지 아니하니 걸음을 지도함이 걷는 자에게 있지 아니하니이다 |

년   월   일

■ 하나님의 응답

제 일

롬 9:16 그런즉 원하는 자로 말미암음도 아니요 달음박질하는 자로 말미암음도 아니요 오직 긍휼히 여기시는 하나님으로 말미암음이니라

년   월   일

■ 하나님의 응답

제 일

| 살전 5:6 | 그러므로 우리는 다른 이들과 같이 자지 말고 오직 깨어 정신을 차릴지라 |

년   월   일

■ 하나님의 응답

제 일

> 요 4:14　내가 주는 물을 마시는 자는 영원히 목마르지 아니하리니 내가 주는 물은 그 속에서 영생하도록 솟아나는 샘물이 되리라

　　　　　　　　　　　　　　　년　　　월　　　일

■ 하나님의 응답

제 일

| 마 19:17 | 예수께서 이르시되 어찌하여 선한 일을 내게 묻느냐 선한 이는 오직 한 분이시니라 네가 생명에 들어 가려면 계명들을 지키라 |

년   월   일

■ 하나님의 응답

제　　　일

| 시 31:19 | 주를 두려워하는 자를 위하여 쌓아 두신 은혜 곧 주께 피하는 자를 위하여 인생 앞에 베푸신 은혜가 어찌 그리 큰지요 |

　　　　　　　　　　　　　　　　　　　년　　　월　　　일

■ 하나님의 응답

제   일

| 시 91:11 | 그가 너를 위하여 그의 천사들을 명령하사 네 모든 길에서 너를 지키게 하심이라 |

　　　　　　　　　　　　　　　　　　년　　　　월　　　　일

▣ 하나님의 응답

제 일

| 시 108:1 | 하나님이여 내 마음을 정하였사오니 내가 노래하며 나의 마음을 다하여 찬양하리로다 |

　　　　　　　　　　　　　　　　　년　　　월　　　일

■ 하나님의 응답

제   일

| 마 6:10 | 나라가 임하시오며 뜻이 하늘에서 이루어진 것 같이 땅에서도 이루어지이다 |

년   월   일

■ 하나님의 응답

제 일

고후 4:10　우리가 항상 예수의 죽음을 몸에 짊어짐은 예수의 생명이 또한 우리 몸에 나타나게 하려 함이라

　　　　　　　　　　　　　　　　　　　년　　　월　　　일

■ 하나님의 응답

제   일

| 히 10:36 | 너희에게 인내가 필요함은 너희가 하나님의 뜻을 행한 후에 약속하신 것을 받기 위함이라 |

년   월   일

■ 하나님의 응답

제 일

시 37:4　또 여호와를 기뻐하라 그가 네 마음의 소원을 네게 이루어 주시리로다

　　　　　　　　　　　　　　　년　　　월　　　일

■ 하나님의 응답

제   일

요 13:14　내가 주와 또는 선생이 되어 너희 발을 씻었으니 너희도 서로 발을 씻어 주는 것이 옳으니라

　　　　　　　　　　　　　　　　　　　년　　　월　　　일

▣ 하나님의 응답

제   일

시 117:2 우리에게 향하신 여호와의 인자하심이 크시고 여호와의 진실하심이 영원함이로다 할렐루야

년   월   일

■ 하나님의 응답

제 일

| 시 4:8 | 내가 평안히 눕고 자기도 하리니 나를 안전히 살게 하시는 이는 오직 여호와이시니이다 |

　　　　　　　　　　　　　　　년　　　월　　　일

■ 하나님의 응답

제 일

| 시 77:1 | 내가 내 음성으로 하나님께 부르짖으리니 내 음성으로 하나님께 부르짖으면 내게 귀를 기울이시리로다 |

년   월   일

■ 하나님의 응답

제 일

빌 3:20 그러나 우리의 시민권은 하늘에 있는지라 거기로부터 구원하는 자 곧 주 예수 그리스도를 기다리노니

　　　　　　　　　　　　　　　　년　　　월　　　일

■ 하나님의 응답

제 일

| 마 7:14 | 생명으로 인도하는 문은 좁고 길이 협착하여 찾는 자가 적음이라 |

　　　　　　　　　　　　　　　　　년　　　월　　　일

■ 하나님의 응답

제   일

| 요 12:46 | 나는 빛으로 세상에 왔나니 무릇 나를 믿는 자로 어둠에 거하지 않게 하려 함이로라 |

년   월   일

■ 하나님의 응답

제 일

| 딤후 2:4 | 병사로 복무하는 자는 자기 생활에 얽매이는 자가 하나도 없나니 이는 병사로 모집한 자를 기쁘게 하려 함이라 |

년   월   일

■ 하나님의 응답

제　　　일

시 69:14　나를 수렁에서 건지사 빠지지 말게 하시고 나를 미워하는 자에게서와 깊은 물에서 건지소서

　　　　　　　　　　　　　　년　　　월　　　일

■ 하나님의 응답

제 일

롬 8:20   피조물이 허무한 데 굴복하는 것은 자기 뜻이 아니요 오직 굴복하게 하시는 이로 말미암음이라

년   월   일

■ 하나님의 응답

제 일

| 시 55:6 | 나는 말하기를 만일 내게 비둘기 같이 날개가 있다면 날아가서 편히 쉬리로다 |

　　　　　　　　　　　년　　　월　　　일

■ 하나님의 응답

제 일

시 45:16 왕의 아들들은 왕의 조상들을 계승할 것이라 왕이 그들로 온 세계의 군왕을 삼으리로다

년   월   일

■ 하나님의 응답

제   일

살전 2:10   우리가 너희 믿는 자들을 향하여 어떻게 거룩하고 옳고 흠 없이 행하였는지에 대하여 너희가 증인이요 하나님도 그러하시도다

　　　　　　　　　　　　　　　　년　　　월　　　일

■ 하나님의 응답

제 일

행 5:41 사도들은 그 이름을 위하여 능욕 받는 일에 합당한 자로 여기심을 기뻐하면서 공회 앞을 떠나니라

년   월   일

■ 하나님의 응답

제   일

| 요 6:38 | 내가 하늘에서 내려온 것은 내 뜻을 행하려 함이 아니요 나를 보내신 이의 뜻을 행하려 함이니라 |

년   월   일

■ 하나님의 응답

제   일

| 마 5:48 | 그러므로 하늘에 계신 너희 아버지의 온전하심과 같이 너희도 온전하라 |

년   월   일

■ 하나님의 응답

제   일

| 시 43:3 | 주의 빛과 주의 진리를 보내시어 나를 인도하시고 주의 거룩한 산과 주께서 계시는 곳에 이르게 하소서 |

년   월   일

■ 하나님의 응답

제 일

요 21:22　예수께서 이르시되 내가 올 때까지 그를 머물게 하고자 할지라도 네게 무슨 상관이냐 너는 나를 따르라 하시더라

　　　　　　　　　　　　　　　년　　　월　　　일

■ 하나님의 응답

제 일

| 갈 6:4-5 | 각각 자기의 일을 살피라 그리하면 자랑할 것이 자기에게는 있어도 남에게는 있지 아니하리니 각각 자기의 짐을 질 것이라 |

년   월   일

■ 하나님의 응답

제 일

마 6:22   눈은 몸의 등불이니 그러므로 네 눈이 성하면 온 몸이 밝을 것이요

　　　　　　　　　　　　　　　　　　년　　　월　　　일

◼ 하나님의 응답

제　　　일

사 41:13　이는 나 여호와 너의 하나님이 네 오른손을 붙들고 네게 이르기를 두려워하지 말라 내가 너를 도우리라 할 것임이니라

　　　　　　　　　　　　　　　　　　년　　　월　　　일

■ 하나님의 응답

제　　　　일

| 엡 3:16 | 그의 영광의 풍성함을 따라 그의 성령으로 말미암아 너희 속사람을 능력으로 강건하게 하시오며 |

　　　　　　　　　　　　　　　년　　　　월　　　　일

■ 하나님의 응답

제 일

| 마 6:34 | 그러므로 내일 일을 위하여 염려하지 말라 내일 일은 내일이 염려할 것이요 한 날의 괴로움은 그 날로 족하니라 |

년　　　월　　　일

■ 하나님의 응답

제   일

| 전 1:14 | 내가 해 아래에서 행하는 모든 일을 보았노라 보라 모두 다 헛되어 바람을 잡으려는 것이로다 |

년   월   일

■ 하나님의 응답

제 일

| 전 2:1 | 나는 내 마음에 이르기를 자, 내가 시험 삼아 너를 즐겁게 하리니 너는 낙을 누리라 하였으나 보라 이것도 헛되도다 |

년   월   일

■ 하나님의 응답

제 일

| 고전 4:13 | 비방을 받은즉 권면하니 우리가 지금까지 세상의 더러운 것과 만물의 찌꺼기 같이 되었도다 |

　　　　　　　　　　　　　　　　　년　　　월　　　일

■ 하나님의 응답

제   일

시 37:40   여호와께서 그들을 도와 건지시되 악인들에게서 건져 구원하심은 그를 의지한 까닭이로다

년   월   일

■ 하나님의 응답

제   일

| 나 1:7 | 여호와는 선하시며 환난 날에 산성이시라 그는 자기에게 피하는 자들을 아시느니라 |

년   월   일

■ 하나님의 응답

제   일

| 요 15:9 | 아버지께서 나를 사랑하신 것 같이 나도 너희를 사랑하였으니 나의 사랑 안에 거하라 |

년   월   일

■ 하나님의 응답

제 일

창 6:12　하나님이 보신즉 땅이 부패하였으니 이는 땅에서 모든 혈육 있는 자의 행위가 부패함이었더라

　　　　　　　　　　　년　　　월　　　일

■ 하나님의 응답

제   일

| 마 13:46 | 극히 값진 진주 하나를 발견하매 가서 자기의 소유를 다 팔아 그 진주를 사느니라 |

년   월   일

■ 하나님의 응답

제 일

| 시 89:9 | 주께서 바다의 파도를 다스리시며 그 파도가 일어날 때에 잔잔하게 하시나이다 |

　　　　　　　　　　　　　　　　　　　년　　　월　　　일

■ 하나님의 응답

제 　　　일

| 시 31:14 | 여호와여 그러하여도 나는 주께 의지하고 말하기를 주는 내 하나님이시라 하였나이다 |

　　　　　　　　　　　　　　　년　　　월　　　일

_____
_____
_____
_____
_____
_____
_____
_____
_____
_____
_____
_____
_____
_____
_____
_____
_____

■ 하나님의 응답

제 일

| 롬 8:18 | 생각하건대 현재의 고난은 장차 우리에게 나타날 영광과 비교할 수 없도다 |

년   월   일

■ 하나님의 응답

제 일

| 시 27:14 | 너는 여호와를 기다릴지어다 강하고 담대하며 여호와를 기다릴지어다 |

년　　　월　　　일

■ 하나님의 응답

제 일

벧전 5:8 　근신하라 깨어라 너희 대적 마귀가 우는 사자 같이 두루 다니며 삼킬 자를 찾나니

　　　　　　　　　　　　　　　　　　　　년　　　월　　　일

■ 하나님의 응답

제   일

| 마 26:41 | 시험에 들지 않게 깨어 기도하라 마음에는 원이로되 육신이 약하도다 하시고 |

년   월   일

■ 하나님의 응답

| 제 | 일 |

시 8:4   사람이 무엇이기에 주께서 그를 생각하시며 인자가 무엇이기에 주께서 그를 돌보시나이까

년   월   일

◨ 하나님의 응답

제 일

시 102:12   여호와여 주는 영원히 계시고 주에 대한 기억은 대대에 이르리이다

년   월   일

■ 하나님의 응답

제   일

| 시 113:3 | 해 돋는 데에서부터 해 지는 데에까지 여호와의 이름이 찬양을 받으시리로다 |

　　　　　　　　　　　　　　　　　　　년　　　　월　　　　일

■ 하나님의 응답

제   일

| 고전 4:20 | 하나님의 나라는 말에 있지 아니하고 오직 능력에 있음이라 |

년   월   일

■ 하나님의 응답

제   일

시 60:11　우리를 도와 대적을 치게 하소서 사람의 구원은 헛됨이니이다

　　　　　　　　　　　　　　　　　　　　년　　　월　　　일

■ 하나님의 응답

제   일

잠 10:29　여호와의 도가 정직한 자에게는 산성이요 행악하는 자에게는 멸망이니라

　　　　　　　　　　　년　　　월　　　일

◼ 하나님의 응답

제 일

| 미 7:5 | 너희는 이웃을 믿지 말며 친구를 의지하지 말며 네 품에 누운 여인에게라도 네 입의 문을 지킬지어다 |

　　　　　　　　　　　년　　　월　　　일

■ 하나님의 응답

제 일

시 37:3 여호와를 의뢰하고 선을 행하라 땅에 머무는 동안 그의 성실을 먹을 거리로 삼을지어다

년   월   일

◧ 하나님의 응답

제   일

| 눅 12:7 | 너희에게는 심지어 머리털까지도 다 세신 바 되었나니 두려워하지 말라 너희는 많은 참새보다 더 귀하니라 |

년   월   일

■ 하나님의 응답

제   일

시 7:9   악인의 악을 끊고 의인을 세우소서 의로우신 하나님이 사람의 마음과 양심을 감찰하시나이다

년   월   일

◼ 하나님의 응답

제 일

| 슥 14:7 | 여호와께서 아시는 한 날이 있으리니 낮도 아니요 밤도 아니라 어두워 갈 때에 빛이 있으리로다 |

년   월   일

■ 하나님의 응답

제 일

시 71:16 내가 주 여호와의 능하신 행적을 가지고 오겠사오며 주의 공의만 전하겠나이다

년   월   일

■ 하나님의 응답

제 일

시 72:12　그는 궁핍한 자가 부르짖을 때에 건지며 도움이 없는 가난한 자도 건지며

　　　　　　　　　　　　　　　　　년　　　월　　　일

■ 하나님의 응답

제 일

| 엡 4:24 | 하나님을 따라 의와 진리의 거룩함으로 지으심을 받은 새 사람을 입으라 |

　　　　　　　　　　　　　　　년　　　월　　　일

■ 하나님의 응답

제   일

시 119:71 고난 당한 것이 내게 유익이라 이로 말미암아 내가 주의 율례들을 배우게 되었나이다

년   월   일

■ 하나님의 응답

제   일

시 18:16   그가 높은 곳에서 손을 펴사 나를 붙잡아 주심이여 많은 물에서 나를 건져내셨도다

년   월   일

◼ 하나님의 응답

제   일

| 시 51:17 | 하나님께서 구하시는 제사는 상한 심령이라 하나님이여 상하고 통회하는 마음을 주께서 멸시하지 아니하시리이다 |

　　　　　　　　　　　　　　　　　　년　　　　월　　　　일

▣ 하나님의 응답

제   일

마 19:29   또 내 이름을 위하여 집이나 형제나 자매나 부모나 자식이나 전토를 버린자마다 여러 배를 받고 또 영생을 상속하리라

년   월   일

■ 하나님의 응답

제   일

벧전 2:11   사랑하는 자들아 거류민과 나그네 같은 너희를 권하노니 영혼을 거슬러 싸우는 육체의 정욕을 제어하라

년   월   일

■ 하나님의 응답

제 일

| 고전 13:13 | 그런즉 믿음 소망 사랑 이 세 가지는 항상 있을 것인데 그 중의 제일은 사랑이라 |

년   월   일

▣ 하나님의 응답

제 일

| 요 14:6 | 예수께서 이르시되 내가 곧 길이요 진리요 생명이니 나로 말미암지 않고는 아버지께로 올 자가 없느니라 |

년   월   일

■ 하나님의 응답

제 일

| 합 3:18 | 나는 여호와로 말미암아 즐거워하며 나의 구원의 하나님으로 말미암아 기뻐하리로다 |

년   월   일

■ 하나님의 응답

제 일

| 눅 6:40 | 제자가 그 선생보다 높지 못하나 무릇 온전하게 된 자는 그 선생과 같으니라 |

년   월   일

■ 하나님의 응답

제 일

시 119:103　주의 말씀의 맛이 내게 어찌 그리 단지요 내 입에 꿀보다 더 다니이다

　　　　　　　　　　　　　　　년　　　월　　　일

■ 하나님의 응답

제 일

시 19:9　여호와를 경외하는 도는 정결하여 영원까지 이르고 여호와의 법도 진실하여 다 의로우니

　　　　　　　　　　　　　년　　　월　　　일

■ 하나님의 응답

제　　　일

| 계 4:10 | 이십사 장로들이 보좌에 앉으신 이 앞에 엎드려 세세토록 살아 계시는 이에게 경배하고 자기의 관을 보좌 앞에 드리며 이르되 |

　　　　　　　　　　　　　　　　　　　　년　　　월　　　일

■ 하나님의 응답

제   일

| 사 60:22 | 그 작은 자가 천 명을 이루겠고 그 약한 자가 강국을 이룰 것이라 때가 되면 나 여호와가 속히 이루리라 |

년   월   일

■ 하나님의 응답

제   일

마 18:3-4   이르시되 진실로 너희에게 이르노니 너희가 돌이켜 어린 아이들과 같이 되지 아니하면 결단코 천국에 들어가지 못하리라

년   월   일

◼ 하나님의 응답

제   일

말 4:2 　내 이름을 경외하는 너희에게는 공의로운 해가 떠올라서 치료하는 광선을 비추리니 너희가 나가서 외양간에서 나온 송아지 같이 뛰리라

　　　　　　　　　　　　　　　　　년　　　　월　　　　일

■ 하나님의 응답

제 일

요 6:56 　내 살을 먹고 내 피를 마시는 자는 내 안에 거하고 나도 그의 안에 거하나니

　　　　　　　　　　　　　　년　　　월　　　일

■ 하나님의 응답

제 일

| 계 22:12 | 보라 내가 속히 오리니 내가 줄 상이 내게 있어 각 사람에게 그가 행한 대로 갚아 주리라 |

년   월   일

■ 하나님의 응답

쓰는기도 일천번제

1판 1쇄 인쇄 2021년 7월 4일
1판 1쇄 발행 2021년 7월 9일

펴낸이 _ 한치호
펴낸곳 _ 종려가지
등　록 _ 제311-2014000013호(2014. 3. 21)
주　소 _ 서울특별시 은평구 은평로 14길 9-5
전　화_ 02. 964.6993　팩스 2208.0153

ISBN 979-11-87200-41-3

ⓒ 2021, 종려가지

잘못 만들어진 책은 구입하신 서점에서 바꾸어 드립니다.